LE
COBDEN-CLUB.

Traduit de l'allemand.

PARIS

SANDOZ ET FISCHBACHER

33 rue de Seine.

LONDRES

TRÜBNER & CO.   DULAU & CO.

57 et 59 Ludgate Hill.   37 Soho Square.

FLORENCE, TURIN, ROME

HERMANN LOESCHER

20 Via Tornabuoni, 19 via di Po, 346-347 Corso.

BERLIN

R. BOLL

29 Mittel-Strasse.

1881.

C. KLINCKSIECK

LIBRAIRE DE L'INSTITUT DE FRANCE.

11, RUE DE LILLE, PARIS.

LE

COBDEN-CLUB.

> Our sole aim is the just interests
> of England, regardless of the objects
> of others nations.
>
> Cobden. 1835.

Traduit de l'allemand.

PARIS

SANDOZ ET FISCHBACHER

33 rue de Seine.

LONDRES | FLORENCE, TURIN, ROME
TRÜBNER & CO.   DULAU & CO. | HERMANN LOESCHER
57 et 59 Ludgate Hill.   37 Soho Square. | 20 Via Tornabuoni, 19 via di Po, 346-347 Corso.

BERLIN

R. BOLL

20 Mittel-Strasse.

1881.

LE COBDEN-CLUB.

I.

Depuis quelque temps on lit, tous les étés, dans les nouvelles qui nous viennent de Londres, quelque fois au chapitre simplement des *faits divers*, que le *Cobden-Club* a tenu son assemblée annuelle, qu'il a entendu le rapport de son comité, bien diné et porté une honorable quantité de toasts. Au banquet du 10 juillet, l'an dernier, l'un des orateurs constatait avec fierté que sur les 14 ministres composant le Cabinet 12 appartenaient au Club, savoir: M. Gladstone, lord Spencer, duc d'Argyll, lord Granville, lord Kimberley, M. Childers, marquis de Hartington, lord Northbrook, MM. Forster, Bright, Dodson, Chamberlain. L'orateur aurait pu compter en outre plusieurs sous-secrétaires d'État, entre autres Sir Charles Dilke. Déjà l'effacement du Reform-Club et du Carlton-Club, d'où sortaient en d'autres temps les ministères libéraux et conservateurs, ferait désirer d'avoir des notions détaillées sur l'origine, la tendance, les membres et l'activité du Cobden-Club, lors même que de temps à autre une note insérée dans la presse n'annoncerait pas que tel et tel homme d'État ou parlementaire allemand influent a été admis comme membre du Club. En pareille occasion, l'intérêt est d'autant plus vif chez les lecteurs attentifs qu'ils peuvent remarquer que précisément ceux des journaux allemands qui sont favorablement disposés à l'égard des personnages dont il s'agit, négligent le plus souvent de mentionner cette distinction honorifique.

L'essai de rassembler des matériaux dans le but indiqué tout-à-l'heure devait, comme l'expliquera ce qui suit, rencontrer de réelles difficultés; aussi les feuilles que nous publions ici sont-elles bien loin de prétendre épuiser le sujet, mais peut-être donneront-elles l'impulsion pour que, chez nous et dans les autres pays, on consacre au Cobden-Club l'attention et l'examen qu'il mérite.

En 1880, le nombre des membres du Club s'élevait à 832: — 495 domiciliés en Angleterre, sur lesquels 200 environ faisant partie de l'une ou de l'autre Chambre du parlement. Les 337 autres membres appartiennent soit aux colonies anglaises, soit à d'autres pays, et sont tous membres honoraires. Ils se répartissent ainsi: États-Unis 107, Australie 14, Autriche-Hongrie 11, Belgique 8, Canada 4, Afrique méridionale 1 (le gouverneur Sir Hercule Robinson), France 47, Allemagne 14, Indes 4, Italie 23, Suisse (pays que vantent volontiers les libre-échangistes) 1: le professeur Böhmert, originaire de l'Allemagne.

Dans une préface, signée par le secrétaire du Club, en tête de la liste des membres, il est dit que le Club a été fondé en 1866 — «dans le but de servir au «développement et à la propagation des principes éco-

«nomiques et politiques auxquels est lié le nom de
«Cobden; — que les membres honoraires se sont
«distingués dans leur pays par les services qu'ils ont
«rendus pour aider à atteindre le but que le Club se
«propose».

On apprend ensuite par cette préface qu'il y a un
principal comité du Club, renouvelé annuellement. En
outre, vers la fin de l'an dernier, le Club avait 8 comités spéciaux — sous-comités — dont l'un, par
exemple, est chargé de faire naître aux États-Unis une
opinion publique en faveur de l'adhésion du gouvernement américain à la déclaration du traité de Paris sur
le droit maritime (¹). Un autre sous-comité s'occupait
des lois sur la propriété foncière, un troisième de l'importation du bétail. — En différentes Universités des
prix sont institués pour des écrits dans le sens du
Club.

On lit dans le rapport annuel du 6 juillet 1878:

«Pendant l'année qui vient de s'écouler le progrès
des principes de Richard Cobden n'a pas été très sensible.
Les négociations pour le renouvellement du traité de commerce avec la France ont été suspendues par suite de
la crise politique et ne sont pas encore reprises, mais les
relations dans lesquelles nous sommes avec les hommes
d'État et les économistes de France nous font espérer
qu'en ce pays, où Léon Say est actuellement ministre
des finances, l'opinion publique sera peu à peu amenée
à considérer d'un oeil plus favorable les avantages d'un

(¹) c'est-à-dire de conjurer le danger qu'en cas d'une guerre
avec les États-Unis les corsaires américains interceptent les arrivages
de grains en Angleterre.

échange commercial sans entraves. Le traité de commerce entre la France et l'Italie n'est pas satisfaisant, mais le libre-échange est beaucoup discuté en Italie et il y trouve quelques habiles défenseurs. — Dans le courant de l'année, des démarches ont été faites, qui vraisemblablement aboutiront à la conclusion d'un traité de commerce entre la France et les États-Unis. On ne peut guère douter qu'un pareil traité n'augmente les relations commerciales entre les deux pays, et ne donne une nouvelle force, sur les deux rives de l'Atlantique, à la demande de facilités plus grandes pour le commerce international. — L'état d'agitation où se trouve l'Europe, et les questions internationales et diplomatiques qui ont occupé les esprits durant tant de mois, n'ont guère laissé de latitude pour l'examen et le développement de ces principes de progrès et de prospérité nationale et internationale, dont Richard Cobden fut l'avocat; mais le comité s'est efforcé, quand l'occasion s'en présentait, de maintenir à l'ordre du jour ces principes et leur application, *et il a été puissamment soutenu à cet égard par les efforts des membres honoraires dans les colonies et à l'étranger.*

Il est dit plus loin dans le rapport que le comité, de concert avec les représentants des armateurs anglais, a sollicité auprès du Foreign Office, pour que le gouvernement anglais, qui avait reconnu le blocus de la Mer noire déclaré par les Turcs, retirât cette reconnaissance, parce qu'elle a eu pour conséquence que des navires grecs et autres apportent à Londres des chargements qui arrivaient précédemment sous pavillon anglais.

Le comité a examiné aussi — comme il est dit

textuellement — la question de savoir s'il était politique de donner des subventions sur les deniers publics aux compagnies de bateaux à vapeur pour l'expédition postale, — système contre lequel des économistes américains ont élevé des protestations (¹).

Après avoir examiné quelques autres points de moindre intérêt pour nous, le rapport continue:

«En vue d'accroître *l'influence internationale* du Club, le comité a demandé aux membres honoraires: «s'il ne serait pas utile de créer des comités étrangers en différentes villes et provinces, afin de propager les principes du Club dans toutes les parties du monde». — A ces communications ont été faites de nombreuses réponses intéressantes, contenant des renseignements sur la situation et les chances du libre-échange dans les différents pays, et des propositions qui sont en général favorables au projet. Dans quelques endroits, des secrétaires honoraires locaux ont été nommés, et le comité est fondé à espérer que, lorsque les agitations en Europe seront apaisées, cette nouvelle organisation du Club se rendra utile pour la propagation du libre-échange.» (Il est surprenant que ces secrétaires honoraires, qui peut-être ont été nommés aussi en Alle-

---

(¹) Ce passage, très délicatement touché, a trait sans doute à ce fait que le gouvernement anglais subventionne une ligne de steamers qui dessert le triangle Newyork, Liverpool, Rio, Newyork — toujours en suivant cette même route, — mais qui ne fait jamais partir ses navires *de* Newyork *pour* Rio, afin que les produits fabriqués américains ne soient point expédiés au Brésil. Il n'est pas étonnant que les libre-échangistes américains aient protesté contre cette façon de libre-échange.

magne, ne soient pas nominativement désignés; ils semblent être *de robe courte.*)

Enfin le rapport mentionne que dans l'année qui vient de s'écouler, plusieurs membres sont décédés, entre autres le Dr. Julius Faucher, et qu'à chacun de ces décès des résolutions ont été adoptées, où, en exprimant le regret de la perte éprouvée par le Club, on reconnaît les services que ces membres distingués avaient rendus à la cause du libre-échange. La résolution adoptée à l'occasion du décès de lord Russel exprime en même temps la reconnaissance du Club envers le défunt pour sa fidélité, pendant toute sa vie, aux grands principes de la liberté civile et religieuse.

Le rapport annuel lu le 19 juillet 1879 est conçu en ces termes:

«L'année qui vient de s'écouler est, depuis la fondation du Cobden-Club, la première où la vérité des principes libre-échangistes ait été sérieusement et publiquement contestée en Angleterre. Pendant les douze derniers mois la dépression s'est aggravée dans les finances, l'industrie et l'agriculture; et quelques personnes, — oubliant les causes qui amenèrent la création de l'*anti-corn law league* et la prospérité commerciale sans exemple dont fut suivi le succès de cette agitation, — se sont laissées aller à croire qu'un remède à la dépression actuelle pouvait se trouver dans un retour à la politique de protection douanière, politique condamnée, il y a plus de trente ans, par l'opinion publique, et abandonnée par les hommes d'État qui ont la direction des affaires.

«Ce mouvement, que nous considérons comme passager, a déjà, dans l'espace de quelques mois, traversé une première phase d'agitation en faveur de ce qu'on appelle la *réciprocité*, pour arriver de là à une agitation en faveur de la protection douanière; et, après avoir demandé qu'un droit fût mis sur les produits manufacturés étrangers, on en est venu à réclamer un droit d'entrée sur les grains.

«La motion récemment faite à la Chambre des communes pour l'institution d'une commission royale chargée de faire une enquête sur le mouvement rétrograde de l'agriculture, a été appuyée par des arguments qui tendraient à prouver que les produits de l'agriculture anglaise ne peuvent soutenir, sur le marché anglais, la concurrence des mêmes produits venant des États-Unis. — Cette agitation se trouvait encore dans la phase de la «réciprocité», lorsque sir Louis Mallet adressa au président de notre comité une lettre où il montrait combien est fallacieuse cette forme particulière de la réaction contre les principes du libre-échange. Le comité a fait imprimer et répandre cette lettre à 40,000 exemplaires; en outre plusieurs journaux ayant une grande publicité l'ont reproduite intégralement.

«D'après les communications qui nous sont parvenues de différentes contrées du pays, et à en juger par d'autres indices sur l'état actuel de l'opinion publique, nous pensons que bien des gens qui inclinaient à croire qu'un système quelconque de lutte douanière pouvait venir en aide à notre industrie, ont déjà reconnu leur erreur, et qu'une résurrection du système protectionniste pur et simple n'est plus à craindre. Le meilleur contre-poison pour combattre une telle tendance *réactionnaire* (¹), se trouve dans les discours et les écrits de Richard Cobden, que nous avons répandus et répandrons encore par milliers d'exemplaires.

«Nous ne pouvons cependant nous empêcher de sympathiser avec le sentiment du pays, sentiment qui devient naturellement plus vif dans des temps comme ceux où nous sommes: — savoir que *notre commerce souffre sensiblement du système protectionniste d'autres pays;* et nous nous appliquons constamment à seconder, parmi les nations étrangères et dans nos colonies, le développement des idées économiques qui, nous l'espérons, amèneront tôt ou tard l'adoption universelle de la politique du libre-échange. Dans presque tous les pays et toutes les capitales il y a des hommes distingués, jouissant d'une influence politique et littéraire, qui sont associés au Club et qui travaillent pour la bonne cause; et malgré de nombreux découragements et quelques pas réellement faits en arrière, il n'y a pas lieu de douter du triomphe final de cette cause.

«En Allemagne, le système dispendieux et onéreux de gigantesques armements a conduit à essayer de réconcilier les classes fabricantes et productrices avec

---

(¹) On est surpris de trouver dans un écrit destiné uniquement aux membres du Club et aux savants l'emploi de ce mot équivoque: *réactionnaire,* qui ne peut faire de l'effet que sur un auditoire irréfléchi. *Réaction,* c'est l'effort d'un corps vigoureux pour surmonter le trouble survenu dans ses fonctions, pour se débarrasser d'un principe morbide. D'ailleurs, en anglais, le mot *reactionary* est nouveau dans son acception politique. Le dictionnaire de Worcester, édition de 1860, ne connaît le mot de *réaction* et ses dérivés que dans le sens physique. Peut-être le vocable nouveau est-il venu «des intéressantes réponses» de membres étrangers, et passé de là dans le rapport annuel.

la sur-élévation des impôts en leur offrant les séductions du monopole; mais l'adoption de cette politique par la législation a rendu manifeste le fait qu'il existe en Allemagne une opinion très répandue — bien que complètement battue en ce moment — qui se prononce pour le libre-échange. — Il est venu à notre connaissance que déjà des mesures ont été prises en Russie, par suite desquelles une grande masse d'exportation russe à destination d'Angleterre et d'autres pays ne traverse plus l'Allemagne comme elle le faisait jusqu'à ce jour, ou ne s'accumule plus dans un entrepôt allemand, soit à Koenigsberg, soit à Danzig, mais qu'elle passe désormais par Libau, et qu'ainsi l'Allemagne perdra l'avantage de l'expédition en transit et le bénéfice du commerce d'intermédiaire. La leçon donnée à la nouvelle politique fiscale par un résultat si palpable ne sera pas perdue sans doute pour le peuple allemand, instruit et intelligent. Il est bon d'ailleurs de remarquer que même le nouveau tarif allemand ne *nous* fait pas reculer d'autant que les traités de commerce *nous* ont fait avancer.

«Dans l'état actuel de la question du libre-échange la politique française et la personnalité de plusieurs hommes d'État de la république française nous donnent quelques motifs de prendre courage en ce qui concerne l'extension du système des traités de commerce, et relativement aussi à une législation fiscale générale *dans l'intérêt du consommateur*.

«Nous avons appris que chez des hommes d'État et des personnes politiquement influentes en Roumanie et en Bulgarie, il y a une disposition marquée à faciliter l'entretien des relations de commerce internationales, et à faire de ces jeunes États la grand'route commerciale entre le nord et le sud; ce qui amènerait peu à peu à faire brèche dans le système fiscal étroitement fermé de l'empire russe (1). — Aux États-Unis le système protectionniste a produit bien des fruits amers, et les fabricants américains eux-mêmes commencent à s'apercevoir qu'ils ont onéreusement imposé le consommateur indigène, sans en retirer pour eux-mêmes un avantage durable.

«Le libre-échange foncier (2) est un des points les plus importants de la politique qui se lie au nom de Cobden, et nous sommes heureux de pouvoir annoncer que vraisemblablement cette question occupera bientôt une place dominante dans le domaine de la politique pratique. Nous nous sommes efforcés de concourir à faire naître une saine opinion politique sur ce sujet en répandant parmi les membres du club et dans le pays plus de 400 exemplaires de l'excellent ouvrage populaire de *Joseph Kay* sur le libre-échange foncier.»

Le reste du rapport expose le plan qui a été conçu pour disposer l'Espagne, le Portugal et la France,

(1) Au mois de mai dernier, M. Gladstone a adressé une lettre à Zankow, le chef de l'opposition bulgare, mais il n'a pas accordé la permission qui lui était demandée de la publier. Comme l'assure la feuille officieuse, les *Daily-News*, il est dit dans cette lettre que l'Angleterre, en Bulgarie comme partout, se range du côté de l'ordre, de la légalité et de la liberté. Le temps nous apprendra ce que signifie *liberté* dans cet oracle, — peut-être libre-échange.

(2) L'idée de ce libre-échange *foncier* serait d'exonérer et de faciliter les mutations de la propriété foncière en Angleterre, de manière à pouvoir faire entrer, pour ainsi dire, le sol dans la libre circulation commerciale comme les valeurs mobilières.

par l'abaissement des droits anglais sur l'importation des vins, à abaisser de leur côté leurs droits d'entrée sur les produits des manufactures anglaises, — «ce qui serait un grand bienfait pour le commerce anglais.»

Dans le rapport annuel du 26 juin 1880 il est dit:

«Il y a un an, lorsque nous avons fait notre dernier rapport, l'agitation en faveur de ce qu'on appelle «la réciprocité» s'était transformée en un mouvement pour le retour aux droits protecteurs. Des discours anti-libre-échangistes étaient tenus au parlement et au dehors; quelques journaux de Londres et la plupart des journaux conservateurs en province protestaient, l'automne dernier, contre notre politique de libre-échange, comme si elle était une des principales causes de la dépression en agriculture et dans le commerce. Pour neutraliser, autant qu'il était en notre pouvoir, l'effet de cette recrudescence des anciennes duperies protectionnistes, nous avons largement répandu des livres et des brochures qui mettent en lumière le plus possible la vérité des principes du libre-échange.

«C'est pour nous une grande satisfaction de pouvoir féliciter le Club de la rapide décroissance du mouvement protectionniste; ce qui sans doute doit être attribué en grande partie à la reprise des affaires commerciales, mais aussi dans une certaine mesure aux efforts que les amis du libre-échange ont faits pour donner à l'esprit public une exacte connaissance des véritables points du débat entre les défenseurs et les adversaires de la protection.

«Chez les gouvernements des pays étrangers et dans les colonies britanniques qui ont une législation autonome, il n'y a pas eu grand progrès dans le sens du principe de la liberté commerciale (*commercial freedom*) (¹); mais nous recevons des preuves nombreuses attestant que dans la plupart de ces pays, si non dans tous, le nombre des hommes instruits, intelligents et influents, qui sont de zélés défenseurs des doctrines économiques de Richard Cobden, va toujours en augmentant, et nous espérons de là avec confiance un heureux succès dans la période de prospérité — imminente, nous n'en doutons pas — qui succédera à la dépression presque générale des sept dernières années.

«Le Club a appris avec satisfaction les démarches qui ont été faites récemment des deux côtés par les gouvernements anglais et français pour renouveler le traité de commerce que M. Cobden, il y a vingt ans, négocia comme représentant de la Grande Bretagne. Les idées des hommes d'État français relativement au

---

(¹) Ce n'est point par hasard que dans ce rapport annuel, au lieu du mot *freetrade* (libre-échange) a été choisie également l'expression, qui n'est point mal famée, de liberté commerciale (*commercial freedom*). M. le député (allemand) Bamberger a baptisé de même du nom d'*association pour la liberté commerciale* l'organisation qu'il créait en vue de faire échouer les plans de réforme économique du chancelier de l'Empire, — et pour l'habile direction de laquelle il a été loué dans un rapport de l'ambassade anglaise à Berlin; ce n'était qu'une forme nouvelle de l'association libre-échangiste dirigée par Prince Smith, Otto Michaelis et Julius Faucher, laquelle, après avoir été comme morte durant plusieurs années, ressuscita sous la même direction avec le titre de «société économique». — En soi le libre-échange et la liberté commerciale sont deux choses très différentes. Du reste «l'association (Bamberger) pour la liberté commerciale» n'avait fait aucun bruit jusqu'au jour, 30 juin dernier, où elle a présenté une Adresse à M. Delbrück pour le remercier de ses efforts en faveur de la cause.

libre-échange sont en général de beaucoup en avance sur l'opinion publique; et tant que la grande masse du peuple n'est pas arrivée à avoir conscience de son véritable intérêt *comme consommateur* (¹), et n'a pas appris à exercer sur les affaires publiques une plus grande influence que les représentants d'intérêts industriels particuliers, le meilleur moyen d'avancer le triomphe définitif des sains principes économiques, ce sont des conventions commerciales internationales comme celle qui actuellement est l'objet de négociations entre les deux gouvernements anglais et français. — Ce doit être un sujet de satisfaction pour les membres du Club de savoir que Léon Say, le précédent ambassadeur de France à Londres, ainsi que son successeur Challemel-Lacour sont membres honoraires du Cobden-Club.

«L'adoption d'une politique protectionniste par le gouvernement de l'Empire d'Allemagne a grandement contribué à stimuler l'activité des défenseurs du libre-échange dans ce pays.

«Nous nous occupons en ce moment de répandre parmi les agriculteurs des États de l'ouest américains plusieurs milliers d'exemplaires d'une brochure, qui, sous le titre de *«The western farmer of America»*, a été écrite pour le Club et calculée en vue de faire voir clairement aux agriculteurs de l'ouest les énormes désavantages dont ils ont à souffrir, comme producteurs de matières alimentaires, par suite des lourdes charges que leur impose le tarif protecteur américain (²). Cet

(¹) Toujours la sollicitude philanthropique pour les consommateurs dans d'autres pays.

(²) Quel amical intérêt pour le *western farmer!*

excellent petit écrit est également répandu en abon-
dance au Canada et dans les autres colonies anglaises.
Pour faciliter les opérations du Club en Amérique, nous
avons nommé MM. Poultney Bigelow et Alfred Bishop
Mason, membres correspondants, l'un à Newyork, l'autre
à Chicago.» (¹)

A la liste des membres du Club est annexé un
catalogue d'écrits dont il a été répandu, depuis la fondation du Club, 375,000 exemplaires. En outre
200,000 exemplaires de journaux et de réimpressions
d'articles isolés de journaux ont été mis en circulation
depuis le 1ᵉʳ janvier 1878. — Enfin, le rapport fait
observer que le Club est *«en communication»* avec des
bibliothèques publiques en Angleterre, sur le continent,
aux États-Unis et dans les colonies anglaises, avec les
chambres de commerce en Angleterre et dans les colonies, avec «l'association des chambres de commerce
allemandes» (dont le secrétaire est le Dr. Alexandre
Meyer), avec le congrès des économistes allemands
(président Dr. Karl Braun), avec l'association libérale
centrale, avec des journaux à Londres, dans les provinces, aux États-Unis et sur le continent (²), avec des
ambassades et des légations anglaises et étrangères.

Le budget officiel du Club est fort mince; il se
solde pour 1879 par 1855 livres sterling, — dont

(¹) Cette nouvelle forme d'affiliation ne serait-elle pas introduite
aussi dans d'autres pays?

(²) Antérieurement à la fondation du Cobden-Club les libre-
échangistes anglais avaient une façon toute particulière de se mettre
in communication avec des journaux du continent; ils offraient aux
correspondants de ces journaux, pour chaque article libre-échangiste,
une seconde fois les honoraires payés par le journal.

seulement 2 L. 12 s. 7 p. comme produit de la vente de livres; le reste des recettes a été fourni par les cotisations annuelles des membres. La dépense consiste pour la très grande partie en comptes d'imprimeurs et de libraires. Comme *«subscription»* à l'*Economiste français* et à l'*Economista* italien ont été dépensées 42 L. pour le premier, et 27 L. pour le second. Il ne figure pas d'honoraires parmi les dépenses. — Néanmoins il y a des raisons de supposer que pour les besoins de la cause, en cas de nécessité, de fortes sommes affluent de plus d'un côté dans la caisse du Club, à présent surtout que 12 de ses membres siégent au ministère; — du moins paraît-il, d'après une lettre de M. Maltman, adressée, le 8 avril, à la feuille officieuse, les *Daily-News,* que Sir Charles Dilke aurait alloué, sur les fonds à sa disposition, une somme pour la *Freiheit* de Most. — De plus, l'habitude que les Anglais riches ont de voyager sur le continent, offre le moyen d'envoyer des missions qui ne coûtent rien.

Ce sont là toutes les explications, pour ainsi dire officielles, que le comité directeur du Club a données sur son activité, et non pas même au monde extérieur, mais aux membres seulement, car les rapports d'où est extrait ce qui précède, sont bien lus dans les banquets annuels du Club, mais on ne les communique pas aux journaux, quoiqu'un *reporter* spécial soit engagé. — Si sobres et si diplomatiques que soient ces rapports, ils n'en fournissent pas moins d'intéressantes indications, sur lesquelles nous avons appelé l'attention, ici et là, par des caractères *italiques,* par des parenthèses et des notes mises au bas des pages. Plus d'un passage aura sans doute évoqué aux yeux du lecteur la figure de M.

2

Pecksnif, d'un roman célèbre de Dickens. Mais le sujet est trop sérieux pour le tourner en plaisanterie.

Il y aurait d'abord à noter une différence essentielle qui distingue le Cobden-Club des autres clubs anglais. Bien que ceux-ci servent d'officines commodes pour travailler la matière électorale et faire jouer les manoeuvres de partis, et bien que le Cobden-Club puisse servir de même à remplir tel ou tel but de société, cependant sa principale destination est de former le point central et d'être la force impulsive d'une agitation politique, permanente, énergique, s'exerçant sur d'autres pays. Ajoutons que cet institut qui prend le nom de club, n'a pas même de local à lui, et qu'il tient son assemblée annuelle dans les salons de quelque autre club, ou dans des restaurants. La supposition qui vient forcément à l'esprit, c'est que l'on a choisi la désignation insignifiante de club au lieu de celle de société, afin de ne pas mettre les membres étrangers en contravention avec les lois de leur pays sur les associations, ou de ne pas leur causer autrement quelque incommodité.

II.

Le Club a pour but de faire progresser et de propager les principes économiques et politiques auxquels se lie le nom de Cobden. Le rapport annuel de 1877/78 dit tout court: «les principes de Richard Cobden», comme en France on a l'habitude de parler des «principes de 1789». Pourtant ce grand agitateur, couronné de succès, n'a fait ni un *contrat social*, ni une

Déclaration des droits de l'homme; il faut chercher ses *principes* dans ce qu'il a dit, écrit et fait. Un recueil complet de ses discours publics, lesquels se comptent par centaines, n'existe pas; on n'en a qu'un choix, arrangé et publié par son ami et coopérateur *John Bright*, de concert avec James E. Thorold, — collection choisie qui doit avoir été fortement ressassée, peut-être même quelque peu corrigée. — Approuvé par le Cobden-Club et distribué à plus de 2000 exemplaires, ce *canon* (édition de 1880), qui en tout cas peut être considéré comme pièce probante *contre* Cobden et le Cobden-Club, est une source où l'on a puisé pour ce qui va suivre, — sans se fier cependant à la table des matières, dont l'arrangement, comme il est facile de s'en convaincre, est calculé et dissimule certaines choses. Quant aux citations, nous donnons en général le numéro des pages, afin que ceux qui veulent recourir au moyen de défense habituel consistant à dire que les phrases citées sont arbitrairement détachées du contexte, puissent commodément trouver les passages en question et prouver, s'il leur est possible, que le contexte donne aux extraits un sens qu'ils n'ont pas en eux-mêmes.

Ce qui frappe d'abord le lecteur en parcourant les discours de Cobden, c'est l'insolence, non seulement dans les meetings, où la grossièreté pourrait être excusée par le besoin de s'exprimer en langage populaire, mais encore au parlement, vis-à-vis de collègues et du gouvernement. — Le 8 février 1844, Cobden dit, il est vrai: «Je voudrais ne pas laisser ces meetings dégénérer en sociétés d'injures, car nous sommes une

corporation trop majestueuse pour injurier personne»
(p. 64). — Mais il serait difficile de trouver *un* de ses
discours où ne se rencontrent pas des façons de parler
et des expressions comme celles qui suivent: «Il n'y
a pas un écrivain, dont le nom puisse prétendre vivre
plus d'un an après la publication de son écrit, qui ne
serait d'accord avec nos doctrines» (p. 41). — «Vous
ne comprenez pas vos propres intérêts; ... les ministres
sont des fous ou des ignorants; ... impudence; ...
chef-d'œuvre d'effronterie; ... lois infames; ... politique
en démence de cette Chambre (p. 26); ... «condescendons,
un instant, à relever du bout des doigts les arguments
de nos adversaires»; .... gredinerie plate et myope
(p. 63)) .... noble ignorance et bassesse portant fleu-
rons (p. 65); .... habiles coquins exploitant des fana-
tiques (p. 92); ... escrocs politiques (p. 101). — Il dit
aux monopoleurs du sucre (p. 43); «O hypocrites! Les
mahométans ont des degrés de peines dans leur monde
futur pour les différents péchés, et la dernière profondeur
de l'abîme est réservée aux hypocrites.»

Dans ces discours reviennent fréquemment des
tours de phrase où l'orateur renverse cette règle connue
de la logique et de la science du droit: *affirmanti in-
cumbit probatio;* c'est-à-dire qu'il met la preuve à la
charge de ses adversaires: «Je vous défie» leur dit-il,
«de prouver le contraire de ce que j'affirme»; ou encore:
«Je vous place sur le banc des accusés; prouvez moi
d'abord qu'il n'en est pas comme je prétends.»

M. Bright, de qui l'on a dit que s'il n'était pas
quaker, il eût été boxeur de profession, a conservé ces
façons de parler, et tout récemment encore, par exemple
dans une lettre à Preston, il a distribué à droite et à

gauche l'épithète d'*aliéné*. D'autres disciples de·Cobden sont, il est vrai, tout aussi arrogants que lui, mais moins grossiers; en revanche, ils affectent une suffisance qui veut se donner l'air scientifique. Cependant la modestie, qui caractérise la vraie science, n'est jamais mieux à sa place que dans les sciences qui servent d'auxiliaires à la politique; car ce sont des sciences empiriques. Chez elles il n'y a rien d'absolu; la vérité ne peut être trouvée par les seules opérations de la pensée; ces sciences-là doivent être continuellement en voie d'enrichissement, d'évolution, de transformation; autrement, elles cessent d'être des sciences; elles deviennent des recueils de dogmes, et leurs adeptes des pontifes ou des jongleurs Chamans.

Nier cette vérité à l'égard des sciences naturelles, personne n'y peut songer. Sur le terrain politique, et particulièrement sur le terrain économique, où s'entrecroisent d'innombrables connexités causales, dont ce que l'on sait n'est jamais qu'un commencement, — où les faits sont produits jusqu'à un certain point par l'activité humaine, c'est-à-dire ainsi par la volonté de l'homme, par ses idées justes ou fausses, — où l'expérimentation, première ressource des sciences empiriques, n'est pas praticable sur une petite échelle, et peut, quand elle se pratique en grand, coûter la vie à une nation, — sur ce terrain-là des chefs de parti proclament leur infaillibilité et trouvent des croyants! Chose assez étrange, que, dans un temps d'ailleurs si sceptique, on affecte une telle pose, comme si rien pouvait être changé à la nature des choses par un cri individuel très assuré, par l'écho de très nombreuses voix, par la très grande dépense d'encre d'imprimerie ou de noir de fumée délayé dans de l'eau de colle!

Du reste, ces libre-échangistes dont nous parlons se mettent en contradiction avec leur maître, car celui-ci dit sur ce sujet même: «Nous n'avons rien à faire avec des abstractions» (p. 19); .... «Je suis tout-à-fait et absolument un homme pratique» (p. 33); — ce que d'ailleurs il n'a guère prouvé dans la gestion de ses propres affaires, c'est-à-dire de son imprimerie sur étoffes, car il fallut par deux fois que ses admirateurs se cotisassent pour le sauver de la faillite. — On peut dire aussi de maints libre-échangistes qu'ils se trouvent en conflit avec ces autres paroles de leur prophète, dans son écrit — dont il sera parlé plus loin — sur la Russie (p. 101 de l'édition complète de ses écrits): «Jusques à quand les charlatans politiques pourront-ils se permettre, sans crainte du châtiment, et sans meilleure excuse que l'aveu de leur ignorance, d'exciter les esprits de tout un peuple et de brouiller ses idées?»

A la vérité, Cobden se montra homme pratique dans la direction de l'*anti-cornlaw-league*. Il dut s'y imposer la tâche avant tout de persuader à trois classes: les agriculteurs (*farmers*), les grands propriétaires et les ouvriers, que la suppression du droit sur les grains ne leur causerait aucun préjudice. Aux *farmers* il disait que plus que personne ils avaient à souffrir du droit sur les grains, qui, à cette époque, était fixé d'après une échelle mobile, s'élevant lorsque les prix s'abaissaient sur le marché indigène, s'abaissant lorsqu'ils montaient; — et certainement il avait raison par rapport aux agriculteurs des comtés du centre et du sud de l'Angleterre, où les fermiers n'ont pas de contrat, et ne sont jamais sûrs que d'une année de leur bail; quand les choses vont mal, ils demandent une remise au propriétaire; quand elles vont bien, ils doivent s'attendre à une augmentation de fermage ou à leur congé. Comme chez nous un tel régime — qui d'ailleurs, par le contre-coup du *Landbill* irlandais, commence maintenant à s'ébranler — heureusement n'existe pas, nous pouvons nous épargner la peine d'extraire des nombreux discours que Cobden a tenus aux *farmers* et des nombreuses amabilités que, pour gagner leurs voix, il leur a débitées, — les *principles* qui pourraient bien se trouver là-dedans. Il faut mentionner seulement les paroles suivantes (p. 52): «Nos agriculteurs sont sans aucun doute plus avancés que ceux de la plupart des autres pays; leur seul tort, c'est de ne pas tenir l'avance autant que nos fabricants.»

Aux propriétaires fonciers il essayait de prouver que sans le droit sur les grains ils tireraient une rente tout aussi élevée de leur propriété qu'avec ce même droit (p. 27); qu'ils n'avaient à craindre du libre commerce des grains ni une perte d'argent, ni en fin de compte (*ultimately*) aucune espèce de perte, — entendant par là une perte d'influence politique; que les propriétaires de biens mal aménagés étaient seuls à prétendre que l'abolition du droit sur les grains diminuerait l'étendue de terres labourées (p. 28).

Maintenant, venons à ce qui concerne les ouvriers. Leur attitude vis-à-vis de l'agitation fut, d'abord hostile, et jusqu'au bout défiante, parce qu'ils craignaient que la baisse du prix des grains n'entraînât la diminution des salaires. Pour les tranquilliser Cobden disait, à la séance de la Chambre des communes du 25 août 1841 (p. 4): «Je ne vois aucune corrélation entre le prix des matières alimentaires ou de quelque autre article de consommation et le prix du travail dans une situation saine et naturelle du travail. Je peux bien m'imaginer qu'à Cuba et dans les États à esclaves de l'Amérique le prix du travail soit affecté par le prix des denrées alimentaires. Je peux aussi m'imaginer que le propriétaire d'esclaves s'assied devant ses livres pour calculer le prix des harengs et du riz. Dans ce cas, le prix du travail dont il dispose est évidemment affecté par le prix des subsistances. — Il y a une autre position (analogue) sur le marché du travail, je veux parler de celle des ouvriers dans les districts agricoles où le salaire a atteint le minimum, relativement à leur genre de vie. On dit à ces malheureux que les salaires augmenteront avec l'élévation du prix des subsistances. Comment cela? est-ce par hasard que le haut prix des subsistances fera augmenter la demande de travail, ou bien sera-ce un effet de pure bienfaisance? — J'arrive à l'état actuel du marché du travail sur lequel, — et dieu sait combien de temps avec une telle législation il pourra subsister — sont créés les différents produits de notre industrie manufacturière; et dans l'état actuel je maintiens, sans crainte d'être contredit, que le taux des salaires n'a pas plus de connexité avec le prix des subsistances qu'avec les changements de lune.» (*That the rate of wages has no more connection with the price of food than with the moon's changes.*)

Dans la séance de la Chambre des communes du 24 février 1842 (p. 9), il dit qu'en lisant les débats sur la rigoureuse *cornlaw* de 1814, ce qui l'a frappé, c'est que tous les partis avaient été d'accord sur un point: savoir que le prix des subsistances règle le taux des salaires. Il ajoute que cette illusion a existé dans le public; qu'il a été rempli, quant à lui, du plus profond chagrin en voyant que ceux qui votèrent la loi se trouvaient dans l'erreur; mais qu'il croit que cette erreur était sincère.

Dans un meeting à Manchester, le 19 octobre 1843 (p. 53) il dit:

«On nous demande toujours par dérision comment il nous serait possible sans le bon marché des grains *d'abaisser les salaires* et de soutenir la concurrence avec l'étranger. Or, vous le savez, c'est là une invention pitoyable de l'ennemi pour mettre les classes laborieuses sur une fausse piste. Je crois que l'expérience des douze derniers mois a eu ce bon résultat de convaincre les ouvriers, dans ce district, que la nourriture à plus bas prix ne signifie pas aussi le travail avec un taux plus bas des salaires.»

Tandis que vis-à-vis des fileurs et des tisserands de Manchester il était servi par cette circonstance qu'à la suite d'une bonne récolte et grâce aux conjonctures commerciales la demande de main-d'œuvre avait augmenté, Cobden essaie, dans un meeting à Londres, le 8 février 1844 (p. 60) de faire comprendre et admettre la même thèse — d'une manière qui montre que, si dans son discours il complimentait les ouvriers de Londres de leur intelligence, en réalité ils les tenait pour très simples d'esprit.

Il leur dit: — «Les comtes, ducs et hobereaux nous enseignent que le prix des grains règle le taux des salaires. Je vois un assez grand nombre d'ouvriers dans cette assemblée, et je pourrais leur demander si, à Londres, dans aucune des conventions qui se sont faites au sujet d'un travail ou d'un service, la question des grains ou de leur prix a jamais été un élément de l'entente. Voyez donc ce que l'on paye aux cochers de fiacre, aux bateliers et aux commissionnaires....» — Il est certain qu'on ne marchande pas avec un cocher de fiacre ou un commissionnaire en ayant à la main la cote de la bourse des grains.

Dans le même discours, il ajoute: — «Peut-être les salaires peuvent-ils être affectés par le prix des subsistances dans les districts agricoles, et monter ou baisser proportionnellement; mais s'il en est ainsi, c'est simplement par la raison qu'en ces contrées les salaires ont atteint leur minimum, ou sont arrivés au point de se rapprocher du travail des esclaves, travail dont la rémunération, dans les temps les meilleurs, donne à l'homme juste de quoi rester valide.»

Il nous faut cependant borner là les citations, — que nous pourrions continuer longtemps encore, — parce que le lecteur à qui sur ce terrain la question est familière, s'impatiente et demande: Cobden n'a-t-il donc pas connu ou n'a-t-il pas tenu pour vraie la *loi dite des salaires*, que Cantillon le premier a exposée, qu'Adam Smith en 1776 a très amplement développée, que David Ricardo en 1817 a formulée dans toute sa rigueur, et que Lassalle, à la grande indignation des libre-échangistes, transporta ensuite des biblio-

thèques de savants à la tribune d'assemblées d'ouvriers,
— la *loi*, ou comme d'autres aiment mieux dire, le
fait qu'avec le libre jeu de l'offre et de la demande
(ce que Cobden désigne comme la saine et naturelle
condition du marché du travail) les salaires du travail
oscillent autour du taux auquel l'ouvrier peut, suivant
son genre de vie, se sustenter, et, comme dit
Adam Smith, reproduire une race de semblables
ouvriers?

Nous pouvons laisser reposer ici la question de
savoir si cette loi est juste, et par quelles circonstances,
soit par des grèves, soit par des réductions à la demi
journée du travail de fabriques, soit encore par certaines
conjonctures commerciales, par la diminution ou l'augmentation du prix de l'argent, — la hausse ou la baisse
des salaires, réelle ou apparente, survenant ici ou là,
dans un temps ou dans un autre, se produisent au
dessus et au dessous du point de gravitation. Dans
ce petit écrit nous n'avons pas en somme à nous
occuper des disputes d'écoles, mais uniquement de
cette question: quels sont les principes de Cobden,
les principes pour lesquels le Cobden-Club fait de la
propagande?

On ne peut imaginer que Cobden n'ait pas
connu cette loi (des salaires) ou ce dogme; il a
été le collègue de Ricardo, le fils de David; maintes
fois, pendant l'agitation, il s'est tenu à côté de lui sur
la plate-forme; il l'appelle son ami (p. 94). Il cite (p. 105)
— à la façon, il est vrai, dont le diable cite la Bible —
un fragment d'un paragraphe du chapitre 8 du premier
livre d'Adam Smith, qui précisément traite de cette
loi. Mais nous pouvons aussi, et sans avoir besoin

d'inductions, le convaincre directement, par des paroles sorties de sa propre bouche, qu'il ne doutait pas lui-même que le taux des salaires ne dépendît du prix des subsistances. La preuve s'en trouve dans son écrit déjà mentionné: *Russia by a Manchester manufacturer*, que nous avons maintenant à examiner en détail.

Lorsque Cobden revint d'un voyage d'affaires fort lucratif en Russie — de même les trois quakers qui se rendirent à St. Pétersbourg, en 1853, pour tenir à l'Empereur Nicolas un sermon sur la paix, ne laissèrent pas que d'en rapporter un bon contrat passé pour des suifs — il trouva l'opinion publique vivement occupée de la publication, faite par le *Portfolio*, de papiers d'État secrets russes, provenant des archives du grand-duc Constantin à Varsovie. Beaucoup de gens voyaient un danger pour l'Angleterre dans la supériorité des diplomates russes à cette époque sur les diplomates anglais du même temps, supériorité incontestable pour quiconque a étudié les origines du royaume de Grèce et l'histoire de la bataille de Navarin, — non pas dans les leçons de professeurs d'histoire allemands, libéraux et anglomanes, mais dans le *Portfolio* et l'ouvrage de Prokesch. On craignait des visées de la Russie sur Constantinople et sur l'Inde, et quelques publicistes insistaient vivement pour que l'Angleterre, même au risque d'une guerre, embrassât les intérêts de la Turquie et d'abord ceux des habitants du Caucase. Dans le but avoué d'effacer cette impression, Cobden écrivit en 1836 la brochure sus-dite, où il développait ce thème qu'il n'y avait rien à craindre de la puissance matérielle de la Russie; que la conquête éventuelle de Constantinople par les Russes servirait les intérêts de l'Angleterre, et que l'inquiétude à l'égard de l'Inde était une chimère. Après avoir provoqué une vive polémique sur un passage relatif à la Pologne, l'écrit fut oublié, disparut de la librairie et devint difficile à retrouver, vu que les antiquaires anglais généralement ne s'occupent pas de recueillir les brochures. Certaines parties très intéressantes du contenu économique de cet écrit n'obtinrent alors aucune attention, parce que l'intérêt politique ou diplomatique l'emportait sur tout le reste; mais il est assez étonnant qu'à présent même on n'ait pas accordé plus d'attention à ces parties-là, depuis que, dans une édition générale des écrits de Cobden donnée par sir Louis Mallet en 1878, cette brochure se trouve mise de nouveau à la portée des lecteurs.

Cobden rapporte ce qui suit — page 124 de cette édition :

«Les directeurs de la Chambre de commerce de Manchester, parmi lesquels l'auteur a l'honneur de se compter, ont reçu, il y a quelque temps, du président de l'Office du commerce, le très honorable M. Thomson, une communication à laquelle était annexée une collection d'échantillons de divers produits fabriqués, qu'avec le zèle qu'il met à remplir les devoirs de ses fonctions, il s'était procurés de différentes manufactures du continent; il y joignait la prière de faire, après dû examen, un rapport sur ce qui ressortirait d'une comparaison de ces marchandises manufacturées avec les produits anglais. Dans le nombre, se trouvaient des échantillons d'indiennes imprimées en rouge-turc — de

Suisse, et de treillis toiles ou demi-toiles — de Saxe, qui, comme bon marché et qualité, étaient supérieurs aux produits similaires anglais. Les directeurs ont eu le pénible devoir de constater dans leur rapport que pour ces produits spéciaux de la tisserande et de l'imprimerie sur étoffes nous étions battus par nos rivaux étrangers et supplantés sur les marchés tiers et neutres. Les causes de l'avantage qu'avaient sur nous nos concurrents du continent, et sur lesquelles fut appelée l'attention du président, c'étaient les taxes onéreuses qui entravent encore nos efforts en manufacture, et *le coût plus élevé des subsistances de nos ouvriers. Le remède est actuellement dans la réduction des droits sur les grains, l'huile, etc.»*

Les ouvriers, dans l'imprimerie sur étoffes de Cobden, n'étaient pas des pensionnaires qu'il eût à nourrir moyennant un prix fixe; il leur payait un salaire, avec lequel ils devaient se procurer leurs subsistances. Ainsi donc, en 1836, il reconnaissait que l'abaissement du prix de grains amènerait des salaires moins élevés; et c'est le même homme qui, en 1841, dit: «Le taux des salaires n'a pas plus de connexité avec le prix des subsistances qu'avec les changements de lune!» .... Qui n'éprouverait la tentation de choisir pour Cobden même l'une ou l'autre des qualifications dont il a une si riche provision pour ses adversaires!

III.

Voici pourtant quelque chose de mieux et qui nous touche de plus près. Dans la même brochure (p. 124) on peut lire:

«Le commerce de l'Angleterre n'est qu'un autre mot pour dire: les manufactures de l'Angleterre. Chez nous il n'y a pas, comme au Mexique ou au Brésil, d'exportations de produits du sol et des mines, ou, comme en France et aux États-Unis, d'un mélange d'articles produits par l'agriculture et la manufacture; et l'on peut dire que notre exportation tout entière et absolument est produite par l'habileté technique et l'intelligente activité de la population fabricante du Royaume-uni. Nous avons mis en relief, dans l'un de nos précédents écrits, ce fait, qui est pour nous une vérité familière; mais c'est un fait qu'on ne saurait trop souvent placer sous les yeux du public et d'une manière trop explicite. Sur la prospérité de cet intérêt repose donc notre commerce extérieur, base de notre situation comme État maritime, et source de nos recettes de douanes qui sont nécessaires pour payer les intérêts de la dette publique et nous procurer tous les articles étrangers que nous consommons. En un mot, notre existence nationale est indissolublement liée à la prospérité de nos fabricants. Si nos lecteurs, dont un grand nombre appartient à la classe agricole, mais dont chacun n'a pas moins un égal intérêt à la question, nous demandent, — comme devrait le faire tout homme intelligent et pensant, — à quoi nous sommes redevables de ce commerce, nous répondons au nom de chaque fabricant et commerçant du Royaume: «uniquement *au bon marché* de nos produits fabriqués». Nous demandera-t-on comment ce commerce est protégé et par quoi il peut encore s'agrandir, notre réponse sera la même: «par *le bon marché* de nos produits fabriqués». Enfin, si l'on demande comment cette puissante industrie, d'où dépendent le bien-être et l'existence même de tout l'État, pourrait venir à nous être enlevée, nous répondons: *«Uniquement par le meilleur marché des produits fabriqués d'un autre pays.»*

A côté de ce qui précède plaçons les paroles suivantes de Cobden, extraites de son discours du 24 février 1842 (p. 10 des Discours):

«On me dit: le prix du travail dans d'autres pays est si bas que nous devrions ici maintenir le haut prix du pain pour empêcher que les salaires ne s'abaissent dans une aussi forte mesure. Mais je suis à même de prouver, à l'aide de documents qui proviennent de cette Chambre, que le travail est ici à meilleur marché que dans les autres pays. ... J'entends faire une observation qui me contredit, mais je demande aux contradicteurs s'ils mettent en ligne de compte la qualité du travail. Avec cette vérification, et c'est la seule qui soit probante, il sera démontré *que le travail anglais est à meilleur marché qu'aucun travail au monde.* La commission, qui, dans l'avant-dernière session, s'est occupée de la question des machines, a mis ce fait absolument hors de doute. Son rapport constate que sur le continent le travail, dans toute branche d'industrie, est en fait plus cher que chez nous. Fileurs, fabricants, constructeurs de machines, tous se sont accordés sur ce point qu'*un* Anglais vaut *trois* ouvriers natifs du continent, en Allemagne, en France, en Belgique.»

Si nous revenons maintenant à l'écrit sur la Russie, nous y lisons (p. 81):

«*Nul pays ne peut faire de grandes affaires financières autrement que par l'entremise de l'Angleterre.* M. de Rothschild nous a dit, dans son témoignage devant le parlement, que Londres est la métropole du monde de l'argent, qu'il est impossible de faire de grandes affaires commerciales autrement que sous l'influence de ce centre commun du système financier, autour duquel les États moins riches gravitent comme les astres plus modestes du système solaire; et d'où ils doivent se contenter d'emprunter l'éclat et la nourriture.»

Puis, à la même page:

«Lorsque toujours un pays favorise le commerce étranger, que se soit les États-Unis, la Russie, la Hollande, la Chine ou le Brésil (nous ne parlons que de *commercial nations*, et naturellement nous n'y comprenons pas la France), on peut supposer avec une infaillible certitude *que l'Angleterre participe pour une plus riche part qu'aucun autre État aux avantages de ce mouvement d'affaires.*»

Et plus loin, p. 84:

«L'auteur répète ici la morale d'un précédent écrit (*Angleterre, Irlande et Amérique*) en exprimant sa

conviction qu'un danger pour. la suprématie de l'Angleterre est plutôt à craindre de l'occident que de l'orient;
que c'est par la paisible et pacifique rivalité du commerce américain, par le développement de ses manufactures, par son très rapide progrès dans la voie des
améliorations intérieures, par la haute instruction du
peuple, par le gouvernement économe et pacifique de
ce pays, que c'est par là et non par la politique
barbare de la Russie ou par ses armements qui l'appauvrissent, — que la *grandeur* de notre prospérité commerciale et nationale est menacée d'un danger. L'auteur
prédit, et il y engage sa réputation, que dans moins
de vingt ans ce sera là le sentiment général en Angleterre et que la même conviction s'imposera à notre
gouvernement.» — En faisant cette prophétie, Cobden
a seulement pris une trop courte échéance; il aurait
dû dire: dans cinquante ans.

Nous extrairons encore un passage de ses discours (p. 62):

«Le libre-échange en matière de grains doit avoir
pour effet d'augmenter la demande de produits agricoles
en Pologne, en *Allemagne* et en *Amérique*. Cette augmentation de la demande de produits agricoles pro-
duirait une augmentation de la demande de travail
dans ces pays; d'où résulterait une hausse du salaire
des journaliers. L'effet en serait encore, dans toutes ces
contrées, *de faire émigrer les ouvriers des fabriques.*» (¹)

Nous croyons avoir montré assez clairement, par
cette concordance de citations, quelle est au fond la valeur

(¹) c. à d. de les faire se tourner vers l'agriculture.

des principes de *Richard Cobden* et ce à quoi songe sa presse quand elle invite les autres peuples à suivre l'exemple de l'Angleterre, à se débarrasser des entraves de leurs douanes, et à entrer dans la lice de libre concurrence. Ce serait trop demander réellement de vouloir que Cobden eût exprimé plus nettement encore sa pensée la plus intime, celle qui lui servait de guide, ou que, — si peut-être il l'a fait, quelque jour, devant une assemblée de fabricants anglais, — M. Bright eût laissé subsister un tel aveu dans la rédaction de l'édition complète.

Cobden n'avait point de principes, dans le sens que nous attachons à ce mot, lorsque nous nous représentons par là quelque chose, ce qui, à vrai dire, n'est pas toujours le cas; *il avait un but,* il utilisait, propageait et produisait lui-même les idées qui servaient à atteindre ce but, et il les appelait des *principes.* — Résumons et groupons encore une fois les propositions principales:

— Nulle affaire financière ne peut se faire sans l'Angleterre. L'Angleterre possède les plus grands capitaux. De tout commerce international c'est l'Angleterre qui retire le plus grand profit. Les fabricants anglais sont en avance sur ceux de tous les autres pays. L'Angleterre doit partir de ce point qu'il lui faut produire à meilleur marché que dans aucun autre pays les articles qui sont objets de consommation pour la plus grande masse des habitants du globe. Le travail est actuellement à meilleur marché en Angleterre que nulle part ailleurs; il doit être rendu encore moins coûteux par le fait que les grains seront importés de la partie du globe où ils peuvent être achetés au plus bas prix. Il en ré- sultera que les ouvriers, dans les autres pays, abandonneront, la fabrication qui fait concurrence aux fabriques anglaises. —

A moins de fermer les yeux, on voit ce que signifie le langage de la presse anglaise, quand elle prêche aux autres peuples les doctrines de la concurrence comme unique recette de salut. En guise de vignette pour le frontispice des discours et des écrits de Cobden on pourrait choisir l'image d'un de ces animaux de mer, décrits par Victor Hugo, qui se voient dans les aquariums en petits exemplaires vivants, et dont on a pu admirer l'imitation d'une espèce colossale dans la section japonaise de l'Exposition de pêche à Berlin, — un gigantesque octopode, qui, couché sur son île, où il est en sûreté, allonge sur tous les autres pays ses tentacules garnis de ventouses. Pour que les autres peuples se laissent faire, il faut naturellement leur inculquer l'idée que c'est pour leur plus grand bien. De là, d'une part les affiliations avec des hommes d'État «qui sont plus avancés que l'opinion publique de leur pays», c. à. d. qui sont libre-échangistes, — et d'autre part tout un mécanisme organisé pour peser, au moyen de l'opinion publique, dans les pays étrangers, sur des gouvernements qui ne sont point partisans du libre-échange. — Avec une grande sûreté de prévision Cobden disait dès 1835 (p, 14 des écrits):

«Nous avons des sociétés qui empruntent leurs noms à Banks, à Linné, à Hunter; pourquoi tout au moins nos grandes villes de commerce et de fabriques n'auraient-elles pas des sociétés empruntant de même leur nom à Adam Smith, qui fussent consacrées à répandre les salutaires vérités de son ouvrage sur la richesse des peuples? Ces instituts entretiendraient une correspondance avec des sociétés analogues qui vraisemblablement seraient organisées à l'étranger (car, dans les questions qui concernent le commerce, *c'est notre exemple que suivent les étrangers*); ils contribueraient à propager des idées libérales et justes en science politique, et feraient en sorte de corriger la politique restrictive des gouvernements étrangers par la légitime influence des opinions de leurs peuples.»

Nous épargnons peut-être à maint lecteur une explosion d'indignation morale, qui nous laisserait d'ailleurs parfaitement froid, — en reconnaissant chez Cobden un patriotisme dont on pourrait souhaiter un grain à plusieurs de nos compatriotes. Mais, une fois cela dit, nous devons — en regard de cette assurance donnée par lui (p. 40 des discours):

«Si je n'étais convaincu que la question contient un grand principe moral et renferme en soi la plus grande révolution morale universelle qui ait été accomplie pour le genre humain, je ne m'engagerais pas comme je le fais dans cette agitation», —

nous permettre de placer l'affirmation

que l'agitation libre-échangiste, faite de Manchester dans les autres pays, est la déception — nous voulons parler poliment — la plus colossale et la plus audacieuse que le monde ait encore vue sur le terrain économique et politique.

IV.

Nous venons de dire: l'agitation faite à l'étranger, nous aurions pu dire: l'agitation faite aussi en Angleterre; mais nous ne pourrions à cet égard fournir des preuves aussi succinctement et d'une façon aussi claire que nous l'avons fait au sujet de la loi des salaires. Il n'existe pas de véritable histoire de l'*anti-cornlaw-league* ni du rôle de Cobden dans ce mouvement. Les ouvrages anglais qui se sont intitulés ainsi, furent écrits par des gens de Manchester ou commandés par eux. Le livre de Bastiat: *Cobden et la Ligue* (Paris, 1848) est rempli, en majeure partie, des discours des agitateurs; ce que l'auteur y a ajouté du sien, c'est un tableau de fantaisie dans le genre de ses *Harmonies économiques*. Quant à la valeur de l'ouvrage: «*Richard Cobden, par un libre-échangiste et ami de la paix*» (Brême, 1869), on peut en juger déjà par le fait que l'auteur s'est borné à emprunter à l'écrit de Cobden sur la Russie une tirade où il est dit que Watt et Arkwright auraient rendu de plus grands services que Potemkin et Suwarow, voire même que Nelson et Wellington. Néanmoins ce Brêmois anonyme paraît avoir été la source où l'on a puisé, non pas pour des écrits populaires, mais pour une conférence «scientifique» faite à la société berlinoise des artisans.

L'essai d'instruire à nouveau cette cause, en regard de tous les écrits du parti qui se donnent pour histoires, exigerait des recherches extrêmement étendues et laborieuses, et n'arriverait pas d'ailleurs jusqu'au cœur du sujet (¹).

(¹) Celui qui voudra néanmoins tenter ce travail, pourrait utiliser, entre autres écrits, ceux qui suivent:

Nous avons sous les yeux un petit écrit (¹), qui nous est parvenu par hasard, dont l'auteur — un collaborateur de Cobden — rompit avec la Ligue par un motif qui lui fait honneur. Il raconte que s'entretenant, un jour, avec l'homme de lettres qui a été le mieux initié aux secrets de la Ligue, et lui ayant parlé d'écrire une histoire de cette agitation, il reçut la réponse que ce ne serait pas possible sans compromettre la situation politique et la réputation des chefs de la Ligue et la cause même du libre-échange. «Non» — aurait dit catégoriquement son interlocuteur, en terminant l'entretien — «le temps n'est pas encore venu d'écrire une histoire de la Ligue; et quand nous serons tous morts, personne ne s'occupera de savoir *quels* ont été...... quelques-uns d'entre nous».

Disraeli avait mis le doigt sur un endroit sensible de la Ligue, quand il dit à la Chambre des communes (séance du 19 mars 1860): — «Vivant dans un temps où toutes choses sont connues, nous savons à présent que la grande confédération qui a fini par remporter une telle victoire, en est redevable à une grande calamité imprévue (la famine d'Irlande), et que peu de

A. **Somerville: Cobdenic Policy** *the internal enemy of England. London 1854, R. Hardwicke.*

Sophisms of free-trade, published *by the Manchester reciprocity association.* 1870. Manchester, John Heywood. London, Simpkins, Marshall et Co. (Neuvième édition).

Reiton Reggs, The travels of the protection promulgators in the land of radical bamboozl'm. 1881.

Plusieurs écrits précieux pour l'histoire intérieure de la Ligue ont complétement disparu; il est impossible de les trouver même dans les grandes bibliothèques; mais peut-être reparaîtront-ils au jour, si l'agitation anti-Cobden fait des progrès en Angleterre.

(¹) C'est le premier des écrits indiqués dans la note qui précède.

temps avant que survînt cette calamité, elle était en voie de se dissoudre». — Sur un bravo ironique de M. Bright, Disraeli s'adressa personnellement à lui en ces termes: — «Je puis dire seulement que mon autorité est celle d'un des membres les plus éminents de votre confédération». — Là-dessus, M. Bright garda le silence.

Tout ceci intéresse en première ligne les Anglais, et n'a d'intérêt pour nous qu'en tant qu'on essaie manifestement dans notre pays de copier la Ligue et ses méthodes. Encore moins directement nous touchent les principes de 1789, — mais non .... nous voulions dire les principes de Richard Cobden relativement à la législation intérieure, à la Constitution et aux institutions plusieurs fois séculaires de l'Angleterre, ainsi qu'à la politique coloniale, principes que les radicaux, sous la conduite du ministre John Bright, s'occupent de rendre pratiques, et que peut-être, — si le ministère actuel reste assez longtemps en fonctions, et s'il est assez fort pour faire passer une nouvelle loi électorale — ils mettront à exécution dans une mesure qui étonnera le monde.

Il nous suffit, pour le but et dans les limites que nous nous sommes fixés, de jeter rapidement un coup-d'œil sur la ligne de conduite de Cobden à l'égard des autres États. Sa plus secrète pensée, que nous avons assez clairement démêlée, a déterminé aussi son attitude dans tous les questions et tous les débats de nature internationale; c'est avec cette clef qu'on peut pénétrer maintes choses, en apparence énigmatiques, qui font hocher la tête à des libre-échangistes en sous-ordre et sont considérées par eux comme des inconséquences.

De ce côté-là on a demandé pourquoi Cobden, bien que sincère libre-échangiste, et professant, comme tel, qu'il n'avait nul souci à prendre des complications — des *squabbles* (¹), comme on se plaît à les nommer dédaigneusement — d'autres États, pourquoi il se mit personnellement en relations avec Kossuth, aussitôt après son arrivée en Angleterre, et précédemment pourquoi il s'était prononcé, au parlement, contre l'extradition, demandée par la Russie, des Hongrois réfugiés en Turquie. Réponse: la Hongrie produit beaucoup de céréales, beaucoup d'autres matières premières, et à cette époque elle n'avait autant dire aucune industrie; comme État indépendant, elle se serait donné un tarif tout-à-fait selon le coeur de Manchester.

La partialité également de Cobden en faveur des États du nord pendant la guerre civile américaine n'était pas compréhensible pour la plèbe libre-échangiste. L'explication s'en trouve dans quelques mots d'un des discours de Cobden, où il posait ce principe: «Le travail libre est à meilleur marché que le travail des esclaves».

Offrons aussi un exemple des conseils que Cobden, sans qu'on les lui demandât, donnait parfois à d'autres États. Nous nous servons ici d'un petit livre très vivement écrit: *«Richard Cobden, Roi des Belges, par un ex-colonel de la garde civique.»* (Londres 1863, chez Trübner.) — Le gouvernement belge avait résolu, après mûr examen, de fortifier Anvers. A cette nouvelle, M. Cobden fit insérer, le 24 avril 1862, dans l'*Économiste belge* une lettre, où il dit que la fortification d'Anvers est *«à tous les points de vue un projet dépourvu de bon sens»*. La Belgique, ajoutait-

(¹) Chamaillis, batteries.

il, n'existe qu'en vertu d'uno force morale, de l'entente des grandes puissances, et non pas en vertu de sa propre force. L'unique danger de perdre sa nationalité, ce serait l'annexion à. la France; et de nos jours ce n'est plus l'habitude d'annexer des provinces sans le consentement de leur population. *Si j'étais roi des Belges*, et que je voulusse transmettre la couronne à mes descendants, je ne garderais sous les drapeaux que quelques milliers d'hommes. Je me considérerais comme Roi uniquement en vertu de la force morale et je dirais à mes puissants voisins: «Vous avez proclamé ma neutralité, et j'entends assurer à mon peuple le bénéfice de cette situation, en faisant de lui la communauté la plus légèrement imposée et la plus prospère de l'Europe.» — Le «colonel de la garde civique» a l'impertinence de ridiculiser avec beaucoup d'esprit le prophète du libre-échange, mais il ne pénètre pas son arrière-pensée. — Cobden qui se vantait, un jour, d'être dans le secret de chaque combinaison diplomatique de lord Palmerston, Cobden qui avait sous les yeux un *Livre bleu*, distribué en août 1859, lequel traite des garanties que l'Angleterre a prises à sa charge, savait très bien ce que signifiait la participation de l'Angleterre à une garantie collective: c'est-à-dire rien du tout, — comme on l'a vu en 1870. La pensée de Cobden était: si la Belgique, après une légère résistance, est inondée par les troupes françaises, et qu'un vote de la population soit organisé par les soins de M. Pietri, comme à Nice et en Savoie, les Anglais prendront leur parti du fait accompli; mais s'il y a une résistance acharnée, si l'on en vient à un siége difficile d'Anvers, alors se réveilleront chez John Bull les vieilles traditions pour lesquelles ses aïeux ont sacrifié tant de sang et tant d'argent.

Naturellement, au gré des libre-échangistes et des quakers, l'Angleterre ne doit jamais faire une guerre dangereuse, mais employer l'argent que coûterait une telle guerre, à vaincre la concurrence de l'étranger. Il lui faut seulement conserver quelques navires de guerre, afin d'exiger au besoin d'États faibles et incapables de résistance les soldes de comptes pour étoffes imprimées, parfois saturées de barytine. Il va donc de soi que Cobden prenait vivement part à cette agitation en faveur de la paix, où les phrases philanthropiques, les versets de la Bible, l'esprit de négoce et le grimoire juridique formaient par leur alliage un mélange fort répugnant.

C'est ainsi qu'aujourd'hui encore les disciples de Cobden font de l'agitation pour que la propriété privée sur mer soit garantie en toutes circonstances, — pour que les Américains renoncent à exercer le droit de course, — et que ceux des États du continent qui, assez inconsidérément, ont adhéré à la déclaration du traité de Paris, renoncent de leur côté au droit de faire courir sus au pavillon marchand de l'ennemi par leurs navires de guerre. De même encore, ils dissuadent instamment les autres États d'acquérir, dans les mers éloignées, des possessions où ils pourraient établir des tribunaux de prises; et certains membres connus du Cobden-Club, que nous ne voulons pas nommer, représentent en termes émouvants aux autres peuples comme une immoralité la capture de la propriété privée ennemie sur mer, et démontrent la grande force morale de leur propre agitation.

Dans notre guerre avec la France, cette force morale ne s'est assurément pas vérifiée. Lorsque le Conseil fédéral eût résolu d'épargner la propriété privée française sur mer, un membre libre-échangiste de ce Conseil disait à quelqu'un qui lui avait exprimé son étonnement au sujet d'une telle résolution: «Les Français *doivent* suivre notre exemple, l'impression morale sera trop puissante». — Les Français pourtant ne pensèrent pas ainsi; ils capturèrent tous les navires marchands allemands dont il leur fut possible de s'emparer; et si les armées allemandes n'avaient pas remporté la victoire et gagné la riche indemnité de guerre, les armateurs auraient dû s'en tenir à leur recours contre les compagnies d'assurances, — lesquelles, pour le libre-échangiste radical, doivent remplacer l'État. — En temps de guerre, tout navire est une machine de guerre, aussi bien que toute locomotive; il ne doit pas rester, invulnérable, tandis que le citoyen expose sa vie en combattant.

Il est assez naturel que les hommes de Manchester fassent de l'agitation pour l'inviolabilité des balles de coton et des sacs de blé, que même ils ne veuillent accorder le blocus qu'à l'égard des ports militaires. Ce que deviendrait l'Angleterre, si l'importation de ces deux articles: coton et blé lui était interceptée, c'est non seulement ce qui se comprend de soi, mais ce qui ressort aussi de la lecture des discours de Cobden. L'idée d'une guerre avec l'Amérique n'est pas admissible pour les Anglais, et ils ont payé les 15 millions de Livres sterling pour les *Alabama Claims* aussi patiemment que, cette année, les 15 mille Livres pour les excès des pêcheurs canadiens.

Un faible écho de leur agitation s'est dernièrement fait entendre chez nous aussi, et il est à regretter qu'il ne se soit trouvé personne pour opposer aux orateurs et aux écrivains du parti le nom de Humboldt, envers qui les libéraux — surtout ceux qui paraissent n'avoir pas lu tous les écrits de Humboldt — professent un si grand respect.

C'était justice que les cotons devinssent une pierre de touche particulièrement désagréable pour les *principes* de Richard Cobden et qu'ils forçassent sa plus secrète pensée de se révéler aussi clairement que possible. Lorsque, par la prolongation imprévue de la guerre civile américaine, arriva la disette de coton à Manchester, Cobden n'hésita pas à se faire directeur, en 1862, de la «société algérienne pour la culture du coton, l'agriculture et l'irrigation», — laquelle avait acquis un terrain, pour 99 ans, aux conditions suivantes: «Le gouvernement français paye pendant dix ans à la société, par livre de coton qu'elle exportera, une prime de 1 schilling pour les cotons de longue soie et de 4 pence pour les autres sortes. La société ne paye aucun impôt pendant dix ans, et elle importe en franchise ses machines. Elle imposera à ses fermiers l'obligation de cultiver exclusivement le coton». — Si ce n'est pas là le monopole, nous voudrions savoir ce qu'alors cela peut-être. Et combien Cobden n'avait-il pas tonné contre toute espèce de monopole! Et que d'avis paternels le Cobden-Club n'a-t-il pas adressés au peuple allemand pour l'en détourner!

Un des derniers discours importants de Cobden donna lieu au *Times* (15 janvier 1863) de s'exprimer ainsi, dans un article de fond, sur l'extraordinaire absence de scrupules dont Bright et Cobden avaient fait preuve:

«Nous avons été témoins de ce fait, dans une seule et même semaine, que, des deux apôtres-jumeaux du libre-échange, Cobden et Bright, le premier combat pour que les fabriques de coton soient affranchies de la taxe des pauvres, c'est-à-dire pour que le fonds affecté en première ligne au secours des ouvriers nécessiteux, soit diminué, et cela en pleine crise, au profit des fabricants, — tandis que le second demande que dans l'Inde les terres où le coton est cultivé soient affranchies de l'impôt foncier, en d'autres termes, que les finances indiennes s'appauvrissent, afin que les fabricants anglais reçoivent leur matière première.»

Une pierre de touche analogue, quoique moins sensible, ce fut cette autre question: l'Angleterre doit-elle conclure des traités de commerce? Si le dogme que l'Angleterre a proclamé à son de trompe, pendant longues années, est une vérité, — c'est-à-dire si en effet le libre-échange est le plus grand bienfait pour un peuple, et qu'un État qui maintient des droits de douane, ne fasse que se nuire à lui-même, il s'en suit incontestablement qu'un État libre-échangiste devrait ne conclure aucun traité de commerce, mais abandonner au sort qu'ils méritent les États plongés dans les ténèbres du protectionnisme. C'est même dans ce sens-là que le Cobden-Club parle encore des fruits amers de la protection, goûtés par l'Amérique.

Pourtant, ce fut Cobden qui entama, négocia et signa le traité de commerce avec la France, — qu'en 1836 il ne comptait pas parmi les *commercial nations.*

Comment les choses se passèrent en cette conjuration — il n'y a d'autre nom pour cela — de Louis Napoléon, Michel Chevalier, Cobden et Gladstone contre les représentations nationales de France et d'Angleterre, on ne l'a su en détail que neuf ans plus tard par un récit de Michel Chevalier, joint en appendice aux lectures du Professeur Bonamy Price (¹), et qui non seulement est intéressant, mais aussi amusant.

Cette question amena, entre libre - échangistes d'étroite et de moins stricte observance, un petit schisme, mais que les hommes de Manchester traitèrent avec une discrétion égale à celle dont Michel Chevalier avait fait preuve par son silence de neuf années. Les libre-échangistes du plus haut étage se distinguent par un empire sur eux-mêmes et une discipline qui font penser à certain Ordre, avec lequel ils ont bien encore quelque autre ressemblance. Quand un des leurs arrive à une position influente, on qu'un hérétique s'en trouve écarté, le fait est simplement annoncé dans les feuilles dévouées avec une brièveté intelligible à bon entendeur, et le triomphe d'un côté, la félicitation de l'autre sont réservés à des communications strictement confidentielles, *private and confidential*. C'est pourquoi on n'a rien su du schisme en question si ce n'est que M'Culloch, prôné par Cobden dans plusieurs de ses discours comme une autorité, désapprouva le traité de commerce anglo-français, et que M. Lowe, devenu depuis lors pair d'Angleterre, comme chancelier de l'échiquier — fonctions qu'il occupa de 1869 à 1873,

(¹) Nous donnons à la fin de notre écrit un extrait de la *Pall Mall Gazette* du 20 février 1869, où cette pièce curieuse se trouve analysée.

— dit à une députation de fabricants: «Les traités de commerce sont la mère de l'hérésie de la *réciprocité*.»

Dans un pamphlet d'un anonyme «disciple de Cobden», répandu par les soins du Cobden-Club, cette opinion est combattue, et l'auteur y soutient la thèse que les traités de commerce, au moyen de la clause «des nations le plus favorisées», sont propres cependant à attirer un à un les autres États dans l'orbite de la politique anglaise.

Cobden lui-même en plusieurs occasions ne laissa pas que d'exprimer des remords, et Bright, à la séance de la Chambre des communes du 23 févier 1860, ne sut se tirer d'embarras qu'en disant qu'il aimait les traités de commerce qui étaient favorables au libre-échange, les autres non; il était ainsi ce qu'on nomme aujourd'hui un opportuniste.

Les affiliés du continent obéirent également à ce mot d'ordre, qui fut donné ensuite aux savants du libre-échange, lesquels mirent tout doucement à l'index et peut-être aussi au feu toute feuille qui parlait de tarif autonome.

On vint à bout de conclure le traité, mais une expérience de vingt années et les tentatives faites pour le renouveler ont montré que M. Lowe, qui comme *tutor* (professeur) à Oxford avait enseigné aux autres et à lui-même la dogmatique et la logique, jugea ce traité plus correctement au point de vue du libre-échange que l'homme pratique Cobden, qui plaisante (p. 62) sur les philosophes. Dans les tentatives que l'on fait actuellement pour renouveler les traités de commerce expirés, chacune des parties se demande, non pas ce que peuvent ordonner les *principles of Richard Cobden,* mais bien ce qu'elle-même peut encore obtenir, quelle réduction de ses propres douanes elle peut accorder dans ce but, ou de quelle élévation de ces douanes elle peut menacer, sans tailler, pour ainsi dire, dans sa propre chair et sans bouleverser ses finances. — Le *Times*, dont M. Lowe fut pendant longues années et peut-être est encore collaborateur, revient à l'idée du tarif autonome, sans employer le mot, quand il écrit, le 20 juin dernier, que tout ce marchandage (¹) est incompatible avec la situation de l'Angleterre comme pays libre-échangiste.

V.

Les gouvernements des autres grands États ne se sont pas laissé convertir, quelque qu'ait pu être, ici et là, surtout en Allemagne, le succès des premiers pas tentés par les libre-échangistes; et néanmoins la législation douanière et fiscale ainsi que l'industrie en Angleterre se sont de plus en plus organisées comme si le monde entier était ou devait être très prochainement libre-échangiste. L'aveu embarrassé du Cobden-Club, reconnaissant que les droits de douane des autres États ne laissent pas que de faire du tort à l'Angleterre, n'est qu'une faible expression du très vif mouvement qui se produit parmi les fabricants et les commerçants anglais. Les tableaux de l'Office du commerce parlent

(¹) sur les conditions du renouvellement des traités de commerce.

4

avec une éloquence, dont on peut bien, devant l'étranger, ne vouloir rien dire, mais que cependant il faut entendre. L'exportation anglaise a donné les chiffres suivants:

	1872	1879
en Allemagne	31,618,749 L.	18,591,545 L.
en France.......	17,268,839 »	14,988,857 »
aux États-Unis	40,736,597 »	20,321,990 »
Exportation totale	256,257,347 L.	191,531,758 L.

Comparativement:

Exportation

	1872	1879
de Russie	49,329,000 L.	94,453,000 L.
de États-Unis.....	99,254,000 »	145,739,000 »

	1869	1879
de France.......	122,996,000 »	129,252,000 »

La *Pall Mall Gazette* du 21 mai dernier contient des données statistiques détaillées ([1]), qui montrent que les fermages, dans presque toutes les parties de l'Angleterre et dans le sud de l'Écosse, sont tombés, depuis quelques années de 20, de 50, dans quelques comtés même de 75 pour cent, et, malgré cela, quantité de biens ne sont pas affermés et de grandes étendues de terre restent sans culture. Les domaines appropriés pour l'élève du bétail et l'industrie laitière sont les seuls d'où l'on puisse tirer encore un fermage qui soit à peu près égal au précédent.

Les effets d'une telle situation se feront sentir indirectement, mais infailliblement aussi, aux fabricants

([1]) On peut les trouver *in extenso* dans la *Gazette générale de l'Allemagne du nord*, du 28 mai dernier.

et aux commerçants, parce que propriétaires, fermiers et journaliers agricoles ne peuvent plus faire les mêmes achats qu'auparavant. Mais une classe de fabricants, des plus nombreuses, est touchée directement par le fait que les Américains des États du nord ont établi sur les plantations des États du sud des filatures et des fabriques de tissus, et qu'ils envoient par navires des chargements d'étoffes de coton, non seulement sur les marchés que les Anglais pourvoyaient jusqu'ici, mais à Liverpool même.

Le doute à l'égard de la politique de Cobden se propage visiblement, et ce qui lui fait faire de nouveaux progrès, c'est qu'on voit combien peu les ministres actuels, appartenant au Cobden-Club, ont rempli les promesses de leurs discours aux électeurs. Pourtant, la résolution de rompre avec l'école des Manchester est difficile à prendre. Parmi ceux qui doutent, plus d'un semble faire comme M. Micawber, qui de jour en jour comptait *that something would turn up*. Dans certaines feuilles se trouve indiqué à mots couverts l'espoir que la Providence, par une disposition spéciale, comme en 1845 par la mauvaise récolte d'Irlande, interviendra pour sauver «les grands principes moraux du libre-échange» — et ces Messieurs qui vont au temple avec une régularité toute particulière.

Mais précisément à Birmingham, représenté par MM. Bright et Chamberlain, s'est formée, au mois de mai dernier, une «Ligue nationale» dans le but «de garantir le pays des injustes attaques qui sont dirigées de l'extérieur contre son industrie et son commerce». Ces Messieurs de Birmingham prennent la chose en mal; ils trouvent *unfair* (déloyal) que l'étranger produise à meilleur marché qu'eux-mêmes; c'est pourquoi ils réclament l'abolition «du système unilatéral actuel de libre importation», et veulent qu'on mette à la place «une politique d'assistance par soi-même ou de protection nationale». Ils demandent que l'Angleterre et ses colonies soient unies et protégées contre la concurrence de l'étranger par un commun *imperial tariff.*

La *Pall Mall Gazette*, bien que ministérielle et appartenant à lord Rosebery, le gendre de Rothschild et l'ami intime de Gladstone, se voit contrainte d'annoncer que la *national league* trouve un puissant appui dans plusieurs grandes villes de fabriques. Ce mouvement se heurtera sans doute à des difficultés dans les colonies, qui, conformément aux doctrines de Cobden ont obtenu une législation indépendante, mais qui toutes, sauf la Nouvelle-Galles-du-sud, — comme le remarque avec regret le rapport annuel du Cobden-Club de 1878/79, — ont usé de leur indépendance législative pour se donner des tarifs protectionnistes et acheter les produits fabriqués dont elles ont besoin là où ils sont le moins chers, fût-ce même ailleurs qu'en Angleterre.

VI.

Que dans ces circonstances le Cobden-Club fasse tout particulièrement des efforts pour remonter le courage des Anglais, et pour fabriquer chez les autres peuples une «saine opinion publique», on ne peut s'en étonner; et nous ne pousserons pas la méchanceté jusqu'à dire qu'il doit apporter d'autant plus de zèle à son agitation qu'il se convainc davantage que la politique-Cobden est un coup manqué. Mais quel intérêt les membres étrangers du Club peuvent-ils bien avoir à «se distinguer par leurs services rendus pour aider à atteindre le but du Club-Cobden»? Quelqu'un peut croire que la doctrine de Bastiat est dans le vrai, sans qu'il lui faille pour cela, du moins en conscience, travailler pour les *principles of Mr. Cobden*. Ces Messieurs forment une galerie très variée: Gambetta, Decazes, prince Jérôme Napoléon, comte de Paris, Rouher, Jules Simon, Nubar Pacha, Emile Ollivier, Léon Say, Castellar, Minghetti, Garibaldi, Sella, prince Hassan, Bankroft, Schurz, Challemel-Lacour, Frère-Orban, général Greig, à St Pétersbourg (ministre des finances de 1868 à 1879), Mancini, Lesseps etc.

Quoique nous sachions parfaitement combien il est difficile, combien même il peut être indiscret et injuste de sonder les motifs d'autrui, nous nous permettons néanmoins de dire ce qui suit: — plusieurs membres étrangers, en s'affiliant, ne pensèrent peut-être pas à grand chose, par exemple Ollivier «au coeur léger»; maint autre se sentit simplement honoré par le diplôme de membre d'une société anglaise à laquelle des noms illustres appartiennent. Quelques-uns peuvent avoir été prévenus par l'idée que tout ce qui vient de la libérale Angleterre, les rasoirs comme les institutions parlementaires, doit être ce qu'il y a de meilleur au monde; d'autres se sont peut-être jetés dans l'impasse de la doctrine du *laissez-faire*, s'épargnant ainsi la peine de l'examen et du jugement, et, de propos délibéré, portant des œillères. D'autres encore auront vu là le moyen de gagner un appui pour telle ou telle entreprise, par exemple M. de Lesseps pour le canal de Panama, et Garibaldi pour l'extermination des prêtres et de toutes les autres personnes et choses qui lui déplaisent. Plus d'un aussi, peut-être, aura voulu s'assurer une place dans quelque combinaison ministérielle à venir.

La question à laquelle on aurait le plus de peine à répondre — et nous renonçons à l'essayer — serait, celle de savoir si les assez nombreux savants, publicistes, parlementaires, académiciens, ministres d'État en activité et en non-activité, qui se trouvent parmi les membres étrangers du Cobden-Club, — n'ont pas compris ou voulu comprendre les discours et les écrits de Cobden, ou peut-être ne les ont pas lus du tout. Mais de tous ceux qui font partie d'un peuple avec un sain égoïsme national, on doit supposer qu'ils ne travailleront pas dans un but reconnu par eux pour contraire aux intérêts de leur pays. Aussi, en France, en Italie, en Espagne, aux États-Unis et dans les colonies anglaises, le concours de ces membres, leurs efforts récompensés par le diplôme d'honneur, n'ont-ils guère donné que de minces résultats.

En Allemagne, l'agitation venue de Manchester a eu

un grand succès; on peut même le nommer un succès sans exemple, et pourtant il est facile à expliquer; mais cette explication, pour être complète, exigerait un livre entier et la connaissance de bien des faits qui aujourd'hui encore restent voilés. Bornons-nous donc à constater qu'il n'y a que fort peu de temps, — si l'on mesure le temps d'après la vie d'un peuple — qu'on voit, dans l'Allemagne du nord, tout homme qui en déjeûnant jette les yeux sur un journal, s'occuper d'économie nationale, ainsi qu'on nommait précédemment cette science, ou du moins discuter là-dessus et contribuer à créer l'opinion publique. — Dans l'Allemagne du sud, le souvenir du grand et infortuné patriote *List* (¹), est resté vivant, entretenu par la très large liberté de la presse et par les débats des Chambres. Dans l'Allemagne du nord, jusqu'en 1848, les hommes spéciaux s'occupaient seuls de cette science économique, qui semblait horriblement difficile; tout ce que les feuilles publiques donnaient sur ce sujet, c'était de temps à autre un paisible, positif et instructif article d'Hoffmann, le directeur du bureau de la statistique à Berlin. Avec lui s'éteignit la génération des hommes d'État qui avaient relevé, sans le secours de milliards, leur pays bouleversé par vingt ans de guerre, épuisé au dernier point par d'effrayantes contributions de guerre, avaient remis en ordre les finances, rétabli le crédit, et trouvé encore le moyen de faire quelque chose pour les universités, les écoles et les routes. Ils ont exécuté sans bruit leurs travaux, et il nous manque aujourd'hui encore un ouvrage sur les sources de la

___

(¹) Célèbre économiste souabe, auteur du *Système national d'économie politique* (1840).

politique douanière prussienne, comme le regretté Dieterici nous en a donné un sur les origines de la politique fiscale prussienne. Puissent un jour les matériaux qui existent sur ce sujet tomber en bonnes mains! Les hommes modestes dont nous parlons ici, ont connu aussi bien, peut-être mieux que n'importe quel libre-échangiste, l'histoire et le fond des sciences d'économie politique. Mais ils savaient séparer la science, qui sur ce terrain est toujours une hypothèse, de la pratique, qui est toujours un art. Ils savaient qu'en ce domaine il n'y a rien d'absolu, rien qui soit généralement et partout vrai, et que chaque pays doit être traité conformément à ses conditions particulières. Le système suivi par eux a été nommé système des forces naturelles, et ce serait une grave erreur de croire qu'ils n'aient pas reconnu les avantages que doit avoir une augmentation de l'échange de marchandises inter-national.

Dans le mouvement de 1848, lorsque, si longtemps maintenues, les étroites barrières de la vie publique furent tout-à-coup renversées, ceux qui se portèrent du côté de la politique, de même que la réaction qui suivit en 1849, ne songeaient guère que le régime économique de l'État formât une partie si essentielle de la politique; on semblait, des deux côtés, le considérer comme une chose neutre, politiquement indifférente. Les démocrates, s'étant retirés de la vie politique, — dans le sens restreint de ce mot, — c'est-à-dire des élections et de la sphère parlementaire, étaient tout disposés à porter leur activité sur ce terrain nouveau, et le parti victorieux les laissa faire volontiers, quand il vit les démocrates prendre une direction qui paraissait favorable, et le fut en effet pendant long-temps, aux intérêts de la classe des propriétaires fonciers.

Dans les universités la base de l'enseignement économique c'était précédemment Adam Smith, qui, à côté de *La richesse des peuples*, avait écrit, comme complément ou en quelque sorte comme antidote, son livre: *De l'influence des sentiments moraux sur les actions des hommes*, et qui malheureusement ne vécut pas assez pour achever un troisième ouvrage, laissé par lui à l'état d'esquisse, où il devait trouver dans une haute unité: l'État — la solution du conflit entre les doctrines de ses deux livres précédents. Depuis l'époque de 1840 on vit les développements ou pour mieux dire les distorsions et les défigurements de *la Richesse des peuples* — dont Bentham et Bastiat, celui-ci d'une manière plus excusable, se sont rendus coupables — prendre faveur dans les chaires d'enseignement.

Les gens de Manchester ne négligèrent pas d'envoyer sur un terrain si singulièrement favorable leurs apôtres, qui trouvèrent bientôt une foule d'auxiliaires. Celui qui voulait prendre part à l'agitation, pouvait en cinq minutes se faire initier au principe de la nouvelle science, principe d'où découle tout le reste: — «Laissez tout aller, et tout sera pour le mieux», — puis se produire comme économiste, voire même se donner pour philosophe, pour philosophe du brocantage absolu (¹), lequel, nous le prétendons, coïncide avec

---

(¹) L'auteur allemand, pour caractériser cette dérivation extrême du libre-échange en marchandage illimité, emploie ici un mot vulgaire, moitié juif, moitié allemand: *Schachermachai*, qui signifie: friperie, regratterie etc.

l'anarchie absolue de Proudhon, · dût un éminent membre honoraire du Cobden-Club s'étonner d'abord, puis se courroucer d'une telle assertion. Au miroitement du mot: *liberté*, par lequel Bastiat termine son apostrophe à la jeunesse française, -- comme l'oiseau est aveuglé par le miroir aux alouettes, -- les masses vont donner dans le panneau.

La doctrine qui enseigne que dans la vie publique ‹l'égoïsme intelligent› est le seul ressort légitime, était faite pour être plus goûtée que les leçons morales de l'antiquité et de nos ancêtres prussiens, enseignant l'abnégation, le sacrifice et le dévouement à la grande chose publique....

Sans doute aussi on ne peut méconnaître que l'échange commercial libre de toute entrave douanière serait on ne peut plus désirable pour une classe nombreuse. Un Anglais importe des matières premières et exporte des produits fabriqués; un Allemand exporte des matières premières et importe des produits fabriqués; c'est la plus belle *harmonie économique*. Mais le libre-échangiste allemand devrait se demander quelle *harmonie politique* nous aurions si *chacun* voulait voir l'État arrangé de la façon qui convînt le mieux à ses intérêts personnels.

L'agitation venue de Manchester a obtenu, dans l'Allemagne du nord, et depuis 1871 dans l'Empire allemand, un succès — comme nous avons dit — sans exemple; et c'est, il nous semble, une ingratitude de la part du Cobden-Club d'avoir, dans la distribution de ses diplômes d'honneur, moins richement, partagé l'Allemagne que la France. — Voici la liste complète des membres allemands du Club: Schulze-Delitzsch

(1869; les chiffres donnés à la suite des noms indiquent l'année de leur réception), George de Bunsen, Hermann Wilke, à cette époque consul-général de la Confédération de l'Allemagne du nord à Londres (tous deux en 1870), de Behr, Karl Braun, Otto Michaelis, Erwin Nasse à Bonn, baron de Stauffenberg (tous en 1871), Delbrück (1872), Rickert (1874), de Keudell à Rome, Albert Gröning à Brême (tous deux en 1875), Karl Blind à Londres (1876), Leo de Romberg (1877). — Un diplomate, en jetant les yeux sur cette liste, a dit:

«Mais, c'est un ministère Gladstone tout prêt!»

APPENDICE.

Comment le libre-échange fut introduit en France.

(Extrait de la *Pall Mall Gazette*, du 20 février 1869.)

«Dans un appendice aux lectures du professeur *Bonamy Price* sur la circulation monétaire, se trouve une lettre de M. Michel Chevalier contenant une relation complète de la manière dont fut arrangé le traité de commerce (anglo-français, 1860).

«Il semble que M. Michel Chevalier, quand il eut sous les yeux la première publication de la lecture inaugurale du professeur Price à Oxford, jugea que, dans un passage de cette lecture, l'honneur de l'introduction du libre-échange en France avait été trop exclusivement attribué à l'Empereur. Le professeur Price offrit tout de suite de publier, sous forme de rectification, tous les éclaircissements que son correspondant serait disposé à donner. L'offre fut acceptée, et une longue lettre, datée du 8 janvier 1869, en est résultée.

«Considérée comme pouvant servir à l'histoire contemporaine, la narration de M. Chevalier présente un intérêt exceptionnel.

«Le gouvernement impérial, écrit-il, a été convaincu par l'Exposition de 1855 que l'industrie française est parfaitement en état de se soutenir contre tous venants sans le secours des droits protecteurs; mais un essai d'agir conformément à cette conviction, tenté l'année suivante, avait été si mal accueilli au Corps législatif que l'idée fut complétement abandonnée. — Cet échec tourna les idées de M. Chevalier du côté des pouvoirs exceptionnels que possède l'Empereur d'après la Constitution, mais le moment n'était pas favorable pour les employer; il fallut attendre un temps meilleur.

«Néanmoins, dans l'été de 1859, M. Chevalier vint à Londres et s'y rencontra avec M. Cobden; il mit sous ses yeux les dispositions qui se trouvent dans la Constitution française, en lui indiquant quel usage on pourrait en faire pour la conclusion d'un traité de commerce entre leurs pays respectifs. M. Cobden, qui était d'abord opposé à ce projet, s'y rallia bientôt et se chargea de le communiquer au gouvernement anglais. Plusieurs raisons concoururent à indiquer l'automne de cette année comme le temps propice pour agir. Lord Palmerston avait besoin de consolider sa majorité à la Chambre des communes, et, dans cette vue, il se préoccupait de s'assurer les voix flottantes de l'école de Manchester. De son côté, l'Empereur des Français, dont les sympathies personnelles pour la cause du libre-échange n'avaient jamais été douteuses, désirait que Lord Palmerston restât au pouvoir, et l'on devait attendre par suite qu'il vît favorablement tout projet qui augmenterait les chances de durée du cabinet.

«En octobre, M. Chevalier visita de nouveau l'Angleterre, il eut des entrevues avec MM. Cobden et Bright, et enfin, avec M. Gladstone, dans la soirée du 15. M. Cobden avait si bien préparé les voies que tous les détails du traité proposé furent réglés en trois quarts d'heure. M. Chevalier se rendit alors de Carlton-garden à l'Athenaeum-Club et s'entendit avec M. Cobden pour le rencontrer à Paris, dès le 22. Il fut convenu qu'ils voyageraient par des routes différentes, «afin de ne pas attirer l'attention des protectionnistes». — En arrivant à Paris, M. Chevalier exposa l'affaire à M. Rouher, par qui elle fut communiquée à l'Empereur. M. Chevalier et M. Cobden furent immédiatement reçus à Saint-Cloud en audience strictement privée. L'Empereur les informa qu'il était décidé à conclure le traité, mais il les pria de garder le secret durant quelques semaines.

«Vers le milieu de novembre, les négociations furent formellement entamées, — MM. Rouher et Baroche représentant la France, lord Cowley et M. Cobden l'Angleterre. M. Fould, le ministre d'État, était favorable au projet; c'est pourquoi il fut mis dans le secret. M. Magne, le ministre des finances, et M. Gréterin, le directeur général des douanes, étaient protectionnistes, et conséquemment ils ne surent rien de ce qui était en voie de se faire. En effet, les précautions prises étaient si grandes que pas un seul subordonné ne fut employé pendant les négociations. Les notes de M. Rouher étaient mises au net par sa femme, et Madame Michel Chevalier rendait le même service à M. Cobden. Ce n'est que lorsque le traité fut tout prêt à être signé, que l'Empereur fit mention de l'affaire au conseil des ministres. Les chefs protectionnistes employèrent autant qu'ils purent le court intervalle qui restait, mais leurs efforts, comme nous savons, furent infructueux. M. Michel Chevalier peut bien prétendre qu'il est le «promoteur» du libre-échange en France.»

Imprimerie R. BOLL, Berlin, 29 Mittelstrasse.

Imprimerie R. BOLL, Berlin, 29 Mittelstrasse.